AF320843

GRAMMAIRE FRANÇAISE.

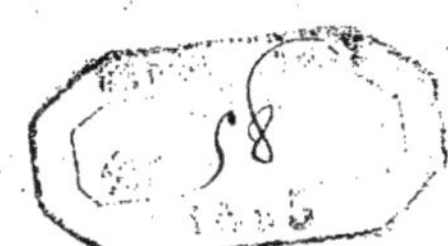

1. — Le Nom, l'Article, l'Adjectif, le Pronom.

Typ. H. DAMELET, à Lons-le-Saunier. — 1163-65.

GRAMMAIRE FRANÇAISE.

NOTIONS PRÉLIMINAIRES.

Qu'est-ce que la Grammaire?	
Qu'emploie-t-on pour parler?	
— pour écrire?	
De quoi se composent les mots?	
Qu'est-ce qu'une lettre?	
Combien y a-t-il de sortes de lettres?	
Qu'est-ce que les voyelles?	
D'où leur vient ce nom?	
Combien y en a-t-il?	
Comment les divise-t-on?	
Donnez des exemples où sont longues les voyelles *a*	
— *e*	
— *i*	
— *o*	
— *u*	
Des exemples où sont brèves les voyelles *a*	

Des exemples où sont brèves les voyelles *e*	
— *i*	
— *o*	
— *u*	
Combien y a-t-il de sortes d'*e* ?	
Qu'observez-vous sur l'*y* ?	
Qu'est-ce qu'une consonne ?	
D'où lui vient ce nom ?	
Combien y a-t-il de consonnes ?	
Qu'appelle-t-on consonnes labiales ?	
— linguales ?	
— dentales ?	
— palatales ?	
— nasales ?	
— gutturales ?	
— liquides ?	
— sifflantes ?	
Qu'observez-vous sur la lettre *h*	
Quand est-elle muette ?	
— aspirée ?	
Qu'appelle-t-on syllabe ?	
— dissyllabe ?	
— polysyllabe ?	

Qu'appelle-t-on diphthongue?

—   accents?

Combien y en a-t-il?

Quelle est la forme et l'effet de l'accent aigu?

de l'accent grave?

de l'accent circonflexe?

Qu'est-ce que l'apostrophe?

—   la cédille?

—   le trait-d'union?

—   le tréma?

—   le guillemet?

Qu'est-ce qu'un mot?

—   une phrase?

—   un discours?

Combien de parties dans le discours?

Comment les divise-t-on?

Quels sont les mots variables?

Indiquez-les?

Quels sont les mots invariables?

Combien y en a-t-il?

CHAPITRE Iᵉʳ.

DU NOM.

Qu'est-ce que le nom ou sub-
stantif?

Pourquoi l'appelle-t-on *sub-
stantif?*

Combien de sortes de noms?

Qu'appelle-t-on nom commun?

— nom propre?

— nom composé?

— nom collectif?

— nom collectif général?

— nom collectif partitif?

Que doit-on considérer dans
les noms?

Qu'est-ce que le genre?

Combien y en a-t-il?

Q.-ce que le genre masculin?

— féminin?

Comment a-t-on attribué le
genre aux choses inanimées?

Qu'est-ce que le nombre?

Combien y en a-t-il?

Qu'est-ce que le singulier?

—   le pluriel?

Comment se forme le pluriel?

N'y a-t-il pas d'exceptions?

Noms terminés par *s, x, z.*

Noms en *au, eu.*

Noms en *ou.*

Noms en *al.*

Noms en *ail.*

Quel est le pluriel des noms
                    aïeul?

—   *ciel?*

—   *œil?*

—   *travail?*

Faut-il supprimer le *t* au pluriel des noms en *ant* et *ent?*

Comment forme-t-on le pluriel
dans les noms étrangers?

— dans les parties du discours
prises substantivement?

— dans les noms propres?

— dans les noms composés?

CHAPITRE II.

DE L'ARTICLE.

—

Qu'est-ce que l'article ?

— l'article simple ?

— l'article contracté ?

— l'article élidé ?

Quand retranche-t-on *e, a* ?

Quand est-ce que *de le* se change en *du* ?

Quand est-ce que *de les* se change en *des* ?

De et *a* se combinent-ils devant *la* ?

Les mots *un, une* ne sont-ils pas quelquefois des articles ?

Qu'appelle-t-on article partitif ?

L'article est-il usité dans toutes les langues ?

CHAPITRE III.

DE L'ADJECTIF.

Qu'est-ce que l'adjectif?

L'adjectif a-t-il un genre et un nombre?

Combien y a-t-il de sortes d'adjectifs?

Qu'est-ce que l'adjectif qualificatif?

Comment forme-t-il le féminin?

Exception à cette règle.

Adject. terminés par un *e* muet

— par un *f*.

— en *el, ul, eil.*

— en *ot, en, on.*

— en *as, os.*

— en *et.*

— en *eau.*

Que faut-il remarquer sur *beau, nouveau?*

— sur *vieux, fou, mou?*

Que faut-il remarquer sur *malin, bénin ?*

— sur *long, tiers ?*

— sur *coi, favori ?*

— *doux, roux, faux ?*

— sur les adjectifs en *er ?*

— — en *ger ?*

— — en *gu ?*

— — en *ant,* dérivé d'un participe prés^t?

Que faut-il remarquer sur *majeur, mineur, meilleur ?*

Quels adjectifs changent *eur* en *eresse ?*

Sur les adjectifs en *teur ?*

— en *érieur ?*

Sur ceux en *eur* qui ne conviennent qu'à des hommes ?

Sur *blanc, sec, frais ?*

Sur *franc ?*

Sur *grec, turc ?*

Sur *chatain, fat, dispos ?*

Comment forme-t-on le pluriel dans les adjectifs?

Combien d'exceptions à cette règle générale?

Les adjectifs terminés par *s, x, z ?*

— terminés en *eau ?*

— terminés en *al ?*

Quels sont les adjectifs en *al* qui n'ont pas de pluriel?

Faut-il supprimer le *t* dans les adjectifs en *ant, ent?*

Quel est le pluriel de *gent?*

— de *tout?*

Qu'entend - on par degrés de signification?

Qu'est-ce que le positif?

— le comparatif?

Combien y en a-t-il?

Comment marque-t-on le comparatif de supériorité?

— d'infériorité ?

— d'égalité?

Que remarquez-vous sur les adjectifs *bon?*

mauvais?

petit?

Qu'est-ce que le superlatif?

Combien y en a-t-il de sortes?

Q.-ce que le superlatif absolu ?

Comment le forme-t-on?

Q.-ce que le superlatif relatif ?	
Comment le forme-t-on ?	
Qu'est-ce que les adjectifs déterminatifs ?	
Combien y en a-t-il de sortes ?	
Indiquez-les ?	
Définissez les adjectifs numéraux ?	
Comment les divise-t-on ?	
Que désigne le nombre cardinal ?	
Énoncez les premiers ?	
Que marque le nombre ordinal ?	
D'où se forme-t-il ?	
Dites les premiers ?	
Quels sont les nombres qui marquent une collection ?	

Quels sont ceux qui marquent la partie d'un tout?

— le multiple d'une quantité?

Qu'entend-on par adjectif démonstratif?

Quels sont-ils?

Qu'entend - on par adjectifs possessifs?

Nommez-les?

Qu'entend-on par adjectifs indéfinis?

Enumérez-les ?

L'adjectif est-il employé quelquefois comme nom?

— comme adverbe?

CHAPITRE IV.

DU PRONOM.

—

Qu'est-ce que le pronom?

Combien y en a-t-il d'espèces?

Qu'est-ce qu'un pronom personnel?

Combien y en a-t-il?

Nommez les pronoms de la 1re personne.

— de la 2e personne?

— de la 3e personne?

Qu'observer sur l'emploi des pronoms *vous* et *tu?*

Pourquoi appelle-t-on les pronoms *soi, se,* réfléchis?

Remarque sur les pronoms *le, la, les.*

Q.-ce les pronoms démonstratifs?

Indiquez-les ?

Ce est-il quelquefois adjectif ?

Quelle différence entre *se* et *ce ?*

    —   entre *ses* et *ces ?*

Q.-ce qu'un pronom relatif ?

Quels sont-ils ?

Qu'appelle-t-on *antécédent ?*

Q.-ce que les pron. possessifs ?

Quels sont-ils ?

Quel signe différencie les adjectifs *notre, votre* employés
comme pronoms ?

Q.-ce que les pron. indéfinis ?

Quels sont-ils ?

Remarque sur ceux qui sont
tantôt adjectifs et tantôt pronoms.

En est-il quelquefois pronom ?

Que dites-vous de l'adverbe *y ?*

Quelle différence entre *chaque*
et *chacun ?*

    —   entre *on* et *l'on ?*